JN079044

生活できる税理士

——競争者《ライバル》に負けず事務所の収益を拡大する方法

杉井卓男

22世紀アート

はじめに

税理士の先生の登録番号がいよいよ十五万番台に達しようとしています。新しく開業をしようとすることが、どれほど難しいか、どれほど困難であるか。今後ますます税理士先生が増加するなかで、果たして生活出来るでしょうか？

この不安を解消するためにＴＫＣの大阪計算センター長・西村邦彦氏と同センターの山口氏の依頼で、１９８５年十一月に江坂で、講演を致しましたところ、多くの人々が集まって下さいました。この講演を一冊の本として、新しく開業される人々のためにぜひ刊行して欲しいという声によりペンをとった次第です。この本が少しでも開業の手助けになれば幸いと存じます。

目次

序

イソップ物語の「アリとキリギリス」の話を紹介しましょう。冬になり寒くなったときに、蓄えのないキリギリスがアリになにか食べ物をねだっているという話です。

「寒い冬になりました。雪の中を、やせほそったキリギリスが、よたよたと歩いていました。食べ物などどこにもみつかりません。『あっ、むこうにあかりがみえる』行ってみると、そこはアリたちの家でした。ちょうど、夕ごはんをたべているところでした。『アリさん、おねがいです。食べる物をください。おなかがすいて死にそうです』アリたちはびっくりしました。『キリギリスさんじゃありませんか。夏のあいだは歌ってばかりいたから、今頃は踊ってでもいるのかと思っていたのに。さあどうぞ』そういってご馳走をわけてあげました」

これからますます税理士の先生がふえると思います。医者と同じように二十万人体制といっていますが、蓄えがないときに、我々があわれなキリギリスにならないように、税理士も能勢を整えておかねばなりません。

第一章　事務所収益の拡大

1　事務所拡大と道徳的な倫理

飛び込みで拡大が図れるか

私は事務所拡大のお話を度々させていただいているので、ある先生から電話がかかってきて「お前の話を聞いて飛び込みをしている。だから、その責任をとってもらわないと困る」という注文を受けました。やはり顧問先を開拓していかないと、この不景気ですから、顧問先は減っていきます。

私の事務所もちょうど丸八年、九年目に入りましたので、今は悪い顧問先を削って整備をしている状態です。そして、いい顧問先はふやさないといけない。中には倒産したり、「先生すみませんけど、金を貸してくれませんか」とか「保証してくれませんか」と言うような顧問先もあります。しかし、そういう顧問先を絶対に保証してはなりません。これで廃業した先生もいるのです。

私のところにも「金を貸してくれ」という顧問先がありますが、この一年で十件程それぞれお断りしました。やはり顧問料は少なくても、まじめにやっておられる良い顧問先を残さないといけないと思います。そこで我々は、事務所の拡大ということを絶えず望んでいるのですが、その飛び込みという方法を私があちこちで言わせてもらった結果、若い先生は既に実践していると聞きました。しかし飛び込みには非常に倫理的な問題があります。私の顧問先でも、今まで飛び込みによって拡大していたのが、今度は自衛にまわらなければいけないようなところが出てきた状態です。

大阪府八尾市の太田飛行場の近くにある私の顧問先に、やはりＴＫＣの若い先生が「近くを回っているものです」と言って名刺をおいて帰りました。現在、そこはちょうど９月決算で三千万円ぐらいの税引き前利益で、税額千三百万～千五百万円ぐらいの準法人です。そこが「先生、ちょっとこんな人が来ました」と言うので名刺を見たら、私のよく知っている先生で、「近くへ来ましたんでちょっと寄りました」と言うのです。事務所が相当離れているのにです。それで、本人と直接会って「なんの用事で私の顧問先に来たのか」と言ったら「いやあ、ちょうど前を通ったものですから、新しい工場を建てたと聞いたので、ちょっと挨拶に寄せてもらいました」というようなことでした。

こういうことは要領良くやらないといけないと思うんですが、やはり税理士先生がおられる場合には、道義として必ず名刺を返してもらって退散していただきたいと思うのです。まず飛び込みをやる前に、倫理規定という「おきて」を頭の中に入れておいていただきたいと思います。次に倫理規定関係という表があります。第一に気をつけていただかなくてはならないのは、「納税者にみだりに業務の委託を懇請してはならない」ということです。

「近畿税理士会の会員は、みだりに業務の委託を懇請し、または不公正な方法をもって業務の委託を誘引してはならない」と書いてあります。その下は誇大広告の禁止ということです。私もよく言われましたが、たたみ一畳以上の看板を出すと、やはり綱紀委員会から何か言われたり、同業種の人から文句がでるということです。ですから倫理規定を頭においてから、飛び込みとか事務所の拡大をやっていただきたいと思います。

この中にある懇請という言葉ですが、「ねんごろに頼むこと」と辞書に書いてあります。ですから、「すいませんけど」と頼んでもいいですが、前の先生がいらっしゃる時には、こういうことをやりますと、やはり後でとばっちりをくいます。

倫理規定関係

○信用失墜行為の禁止

税理士は、税理士の信用または品位を害するような行為をしてはならない。（税理士法37条）

○業務委嘱懇請禁止義務

会員は、納税者に対してみだりに業務の委嘱を懇請してはならない。（東京税理士会紀律規則第6条2項）

会員は、みだりに業務の委嘱を懇請し、または不公正な方法をもって業務の委嘱を誘引してはならない。

（近畿税理士会綱紀規則第13条）

○誇大広告の禁止義務

会員は、その名刺、標札、看板、新聞雑誌刊行物等に掲載する広告、その他一切の宣伝について、自己の技能、学歴、経歴、事務所の規模能力等を誇示する文言を使用してはならない。

（東京税理士会紀律規則第8条）

会員は、税理士としての品位を失墜しまたは良識を疑われるような広告をしてはならない。

（近畿税理士会綱紀規則第14条）

○業務侵害禁止義務

会員は、直接であると間接であるとを問わず、他の会員の業務を侵害するような行為をしてはならない。

（東京税理士会紀律規則第9条同じく近畿税理士会綱紀規則第12条）

○報酬競争禁止義務

会員は、委嘱先の報酬についてみだりに競争してはならない。（東京税理士会紀律規則第20条）

会員は、本会において定める報酬規定をこえて報酬を請求しまたは受領し、或いは報酬について他の会員と競争してはならない。

（近畿税理士会綱紀規則第15条）

逆に自分がやられる場合には、当然、防衛します。自分の顧問先にほかの先生が来て、こういうことを言ってくる場合、例えば東京地方では「うちの事務所へ一度代わっていただけませんか」という電話が顧問先にかかってくることがあるそうです。いずれ大阪でもここ二、三年後には、違う先生から顧問先へ「一度うちの事務所へ代わっていただけませんか」という電話がかかってくる可能性がある、ということです。

私はある農協を担当しているのですが、税務署を辞めて開業された税理士がその農協を訪れ、「実は資産税ばかりやっていたので相続の方をやらせて下さい」ということを言って、鉛筆削りを置いていったのです。それで、農協の担当事務員から私のところへ電話がかかってきまして「先生、こんな方がこられました」というので、私は早速その税理士に電話をしました。

「うちの顧問先ですよ。こんなものを持って何しに来たんですか」と私はすぐ防衛しました。そうしたらその翌日、私の事務所へ来て、「実はちょっと挨拶に行っただけなんです。今まで調査で農協へ行ってましたもんですから」と言って、同じ品物を置いていきました。やはり自分からも防衛していかないといけないと思います。

今は逆の立場を言っているのですが、やはり企業等に既に顧問税理士が入っている場合がありますので、そういうことをよく考えておいていただきたい。それから誇大広告の禁止義務とか、報酬競争の禁止義務とかが、それぞれ各税理士会の綱紀規則に載っておりますので、よく頭に入れておいていただきたいと思います。

飛び込みの方法とその対策

これからいよいよ本題に入りまして、飛び込みというのはどういうことかということですが、自分の事で恐縮ですが、私は以前、自動車メーカーのマツダという会社におりました。ちょうど住友銀行のテコ入れがありまして、一年ほど経理の課長をしていたときに、販売店に応援に行って来いということで、大阪の西成と阿倍野の営業所に約一年間程まいりました。ちょうど大学卒業時が同期の人が所長をしていまして、朝礼で「本社から応援に来たので、半年ここにおります」と言って紹介されました。それであくる日から車売りに回ったわけです。

やはり自動車のセールスほどしんどい仕事はないようです。トヨタ、日産でもそうですが、大卒が各営業所に五人か十人程毎年入って来るのですが、翌年まで残っているのが約二割程度です。十人入っても二人しか残らない。あとは全部辞めていくそうです。それほど自動車のセールスというのは大変に厳しい。

私は途中からですし、「三十幾つにもなって車のセールスはとても出来ません」と申したら、「それだったら辞めてくれ」ということでした。サラリーマンのつらいところです。その時はもう税理士の勉強もだいぶ進んでおりましたし、いつでも辞められる状態でしたが、いちおう勉強のためということで、西成と阿倍野の両営業所で半年ずつ勤務しました。

自動車セールスの場合、有効訪問件数というのがあって、一日に七件の有効訪問件数をとれという。

七件の有効訪問件数というのはどういうことかというと、大体三十件から五十件ぐらい回らないと、七件という有効訪問件数がとれないのです。

ですからカバンをさげて自動車を近くへ停めておいて、歩かなければ車はとても売れないわけです。ずっと歩いて、マツダの車やトヨタのトラックが置いてあったら、「マツダから来ました」と言って入る。むこうの社長が「今日は忙しい、うちはトヨタや、マツダはいらん」と言われてそこを出る。また二、三軒先へ行くとマツダの車が置いてある。

「あのマツダから来ました」「今ひまや」ということで上がると、「バックミラーが狭いところへ行ったら動かなくなった。ぐあいが悪いよ」とか、「タイヤがよくパンクする」とか、「後から煙りが入ってくる」と苦情をたらたら言われて、「それで車の入れ替えはいつの予定ですか」と聞くと、「いや、まだ当分は入れ替えない」ということで、ずい分あっちこっち回って、たまに「まあ、ぼちぼち入れ替えをしようかと思っているんだ」というのがあります。それがやっと有効訪問件数になるのですが、それを七件とらなければならないのです。

その七件のうちから何台売れるかということですが、実際は月に二十日間ぐらいしか回れません。あと納車とか車庫証明とか、いろいろな手続きや証明を上げに行ったりすることがあるものですから、実際には二十日ぐらいしか回れない。七件の二十日で百四十件、そのうち大体売れるのが六台ぐらいなのです。

結局、千件ぐらい飛び込みをして、売れるのは六台ぐらいですから、確率は非常に少ない。しかしこれをしないとやはり車は売れないわけです。

この業界のトップはトヨタで、その次が日産ですが、みなセールスマンというのは飛び込みをしてます。皆さんのお宅や事務所でも、車のセールスが飛び込みに来たりすると思いますが、どんな商売でも最初のうちは、そういうことをしないといけないわけです。

しかし飛び込みだけで売るというのは非常に難しい。ですから税理士も拡大のために飛び込みをやるというのはまあ必要ですが、非常に確率は低い。だからといって飛び込みをしなくてもいいということではありません。

私が開業したときには既に人の会社に入るのは慣れたもんですから、ある病院を徹底的に狙えと決めて、ある地域の病院はほとんど全部飛び込みました。全部回ったわけです。ある病院に行きましたら、階段を上がっていって、「事務所はどこですか」「ああどうぞ、二階です」というので、二階へ上がって行って女の人に「事務長さんに会わせて下さい」と名刺を出したら「ああ会計事務所さん」とその女の子が言ったのでむこうにいた人がぱっと顔をあげて「私も会計事務所のもんです」という。「ああそうですか、失礼しました」といってその名刺を持ってすぐ退散したわけです。

そこで名刺を置いて帰ると、綱紀委員会に呼び出されて、「おまえのところは飛び込みをした」とかなんとか言われてしまう恐れがあります。

また、ある病院の場合ですが、ここは最初カバンをさげて行きました。「あの、院長さんいらっしゃいませんか」「院長はおりません、事務長さんは今日はちょっと出張でおりません」「それでいつお帰りですか」「あさって帰ると思います」「それでしたら、あさっての何時ごろに来たらよろしいですか」「昼から来て下さい」ということで、当日にまた行ったわけです。そうしたら「さあどうぞ上がって下さい」ということで看護婦さんに案内されて事務長室へ行きました。すると、向こうの事務長が言うには、「もう少し早かったら頼んでいたかもしれないな。いま病院を建てて二、三年なので、どこへ頼もうかと考えていたのだが、この間ある人の紹介の紹介で、天王寺のある先生に頼んだところなのですよ。もう三カ月程早かったらあなたに頼んでいたのにねえ」という話もありました。

そのようなことで、件数を何軒も当たらないとなかなか顧問先をつかめないということです。つまり自動車のセールスと同じことで、確率は非常に低いと思います。結局、飛び込みで訪問するということは、最初のうちは足もふるえて手もふるえてドキドキしますけれども、勇気をもって飛び込む事も必要です。ただ、あくまでも綱紀規則がありますから、それをよく守っていただきたいと思います。その方法と対策ですが、これは証拠を絶対に残さないようにということです。

新規事業者

次に新規事業者の場合です。例えば歯医者さんでも、お医者さんでも、喫茶店でもいいし、何でもいいです。お医者さんなら、ちょっと風邪でもひいたときに行ってみてもらって、「私はそこで税理士をしているものですが、ひとつよろしく頼みます」ということを言っておくと、次に行ったときに「うちもお願いしたいと思っています」という話になったりします。

そういうことで喫茶店でもいい、何か事業でも始まっていたらそこをちょっとのぞくとか、車に乗っている時や歩いている時に、必ず「開店」とかの文字が目につきますので、そういうところは必ずチェックしてメモをして、後でそこに飛び込んでいくというようにしないといけないと思います。

飛び込み、飛び込みと言っても、税理士の場合はある程度年数がたちますと、近所のこともだんだんわかってくるので、なかなか出来にくくなるものです。最初のうちは飛び込みでぱあっと回るというのが非常に効果的だと思いますが、ある程度十年や十五年たって自分で飛び込みをしようと思っても、なかなか出来ません。そんな場合は新規開業のところを狙うのが、開拓には一番最適だと思うわけです。

結局、暴れ回るといったらおかしいですが、暴れ回るのは最初の三年ぐらいの間にと思います。どんどん顧問先がふえたら、確率の悪い飛び込みというような事はあまりしなくてもいいのではないかと思います。それよりも、新規事業者を狙った方がいいのではないでしょうか。

目標

2　発展するための事務所の三条件

駅より三分以内

大阪府の地図を見ますと、まん中が中央環状線、外側が外環状線です。こんど関西新空港が出来るため、すでに岸和田まで延びています。北は吹田の方までです。

これから発展する事務所の立地条件ですが、場所は市内よりもやはり郊外の方が良いように思います。例えば木材団地とか家具団地とか、東大阪にも金物団地等があります。これらの団地等が郊外へ郊外へと発展しているからです。

市内はもう坪数の金額も高いので、我々が事務所を開業しようと思ったら、北から豊中市、吹田市、高槻市、枥木市、東大阪市、大東市、門真市さらに八尾市とか富田林市と藤井寺市、羽曳野市、堺市、岸和田市というように、衛星都市がいろいろありますので、この衛星都市の方が伸びる率が大きいと思います。

市内はもう飽和状態だと思います。この間ちょっと若い先生に聞いたんですが、十件のうち八件ぐらいまでが、一応わずかですが顧問料をもらえるような顧問先になったという事を聞きました。

事務所を大阪市内から奈良の方に移そうかという先生もいらっしゃるそうですが郊外の方が伸びる率

が多いと思います。

私も大阪市内で事務所を借りようと手配しましたが、結局郊外の方へ移りました。その人の伸ばし方でいろいろだと思いますが、やはり市内の場合だと伸びる率は郊外の半分ぐらいだと思います。

立地条件は郊外の衛星都市でも、やはり三つの条件があり、駅より三分以内のところが良いと思います。駅を下りて何分もかかって先生のところへ行くというのでは、顧問先は来ません。最近車で来るようにはなりましたが、やはり駅の近くの事務所が最適かと思います。気軽にちょっと資料を持って来たり、毎月のノートでも持って来るとか、借り入れの書類を渡そうかというような場合でも、駅の近くでしたらすぐ来ていただけますが、駅からさらにバスに乗って、またちょっと歩いて、というようなところは非常にマイナス面が多いわけです。

自宅は駄目で事務所を設けること

先生方の中には自宅開業されている方も大勢いらっしゃいますが、やはり自宅は避けた方がいいと思います。なぜかというと、やはり自宅へいくと奥さんもいますし、子供もいる。二カ月に一度帳面を持って行く顧問先の方は、何か手みやげをと考えます。

我々もやはり、事務所へ行くのだったら、気軽にお茶によばれてもパッと行けますが、自宅に行くのですとなにか手みやげでも持っていかなければと思いますね。そうすると、やはり自宅には行きにくくなりがちで、ついつい遠ざかってしまいます。やはり自宅ではなくて、少々金がかかっても先行投資なのですから、やはり自分の事務所を開業した方がいいと思います。

電話番は必ず置くこと

電話は「事務所の窓」です。以前に日航のチーフパーサーによる教育についての講演があったのですが、あの大会社では、五回ぐらいベルが鳴ってからやっと電話をとるような交換手は、全部クビにするということでした。やはりベルは一回鳴ったら二回目は必ず電話をとる。やはり電話の応対、次につなぐ態度が重要です。会社の受付と電話というのは非常に大切なことなのです。

留守番電話の場合は本当にしょうがないですね。これはもう即座に切ってしまいます。私も電話をかけて相手が留守番電話だと、すぐ切ってしまいます。だから留守番電話はやめておいた方がいいと思います。

今留守番電話にしている先生がいらっしゃると思いますが、昼からでもパートの人は来てくれるのですから、午前中は先生が事務所にいて、昼からパートとか、そういうようなことで事務所の留守番電話はやっぱり慎まなくてはいけません。これは大事だと思います。

やはり事務所へ電話をしたら、だいたいそこの事務所の雰囲気がわかります。この三つの条件をなにげなくそろえないと顧問先はふえないと思います。顧問先をふやそうと思ったら、この三つの条件をお客さんが来やすいように話しやすいように、条件を整えていただきたい。以上が発展する事務所の三条件です。

3　パーティー

○○周年記念パーティー

ある先生が事務所を開業して何年もなるのでパーティーをやるという案内状を出しました。それには、こういうふうに書いてあるのです。

「平素は格別のご高配を賜り、厚く御礼申し上げます。さて、当事務所も来春は開業十三年目を迎えますが、ふり返ってみますと、ここまで育つことが出来ましたのも偏に皆様のあたたかいご支援とご協力の賜であると深く感謝いたしております。つきましては、一度皆様に当事務所の機能を深くご理解いただき、そして今後の業務計画をご案内いたす場として、左記のとおり新年会を開催いたしたく存じます。当日は、九月にご案内申し上げました『○○クラブ』の発会式も兼ねさせていただきます。松の内でもあり、ご多用の折柄とは存じますが、ぜひご出席賜りたくお願い申し上げます」

開業して十三年でこういう案内状を出す狙いは、顧問先に、自分の事務所はここまでやっていますとＰＲしているわけです。

開業パーティー

パーティーによって事務所と顧問先のＰＲをすることは、ひとつも誇大広告にはならないと思います。

私も開業するときに、パーティーをやりました。東洋工業を辞めたときに、おやじの年賀状を出しているところや知人宛に案内状を送りました。ちょうど事務所の三階が空いてましたので、そこを使って開業パーティーをやったわけです。

その時、自動車の新車発表などを手がけているイベント屋を呼んで、二十万円ぐらいでやってくれと言ったら、「二十万円といったら、ちょっとビール飲んで、おかず食べたら終わりですよ。五十万円出してください」と笑われました。

もう二十年ほど前でしたが、その時の月給がだいたい二十万円を切れてましたから、五十万円というとボーナスが全部飛んでいくのですが、結局、そのパーティーに百万円使って二百名ほどの人を呼びました。盛会でした。

お客のなかでも、市会議員とか国会議員は案内状を出せば、必ず来てくれます。先生方のなかで、まだパーティーをやっていない方は、ぜひ十周年記念パーティーなどをやってみたらいかがでしょうか。私は当時は、「退職金のうち百万円も使って無駄なことをしたな」と思っていたのですが、三年目ぐらいからそのパーティーにみえた人がぼつぼつと話を持って来るようになり、費用の三倍ほどの収益が返ってきたので、パーティーは決して無駄ではなかったと思っています。

顧問先とのパーティー

何周年パーティーでもいいし、開業パーティーでもいいと思います。ある先生は、天王寺の都ホテルで顧問先を呼んで「これからの時代を生き抜く企業のあり方」とか「経営分析のやり方」等のテーマで講演会をして、そのあと皆さんに一杯出したということでした。

またパーティーは、ＰＲ効果のほかに、顧問先を団結させ、引き寄せる効果があります。費用もかかりますが、ご祝儀で二万円ももらえば元はとれると思います。パーティーをすれば、酒とかビールとかは顧問先が必ず持って来てくれますから、結局、会場の費用だけで済みます。事務所を改造したときなどにパーティーをやるのも、非常に有意義だと思います。

会計事務所完成記念パーティー案内状(例)

昭和60年1月1日

先生

加藤会計事務所

所長　加藤和雄

拝啓　厳寒の候ますますご隆昌のこととお喜び申し上げます。

さて、かねて建築中の○○○ビルが、このほど完成し1月1日より、新事務所にて業務を始めることになりました。つきましては、日頃お世話いただいております方々に対し落成記念としていささか謝意を表したく下記の通り小宴を催したく存じます。業務ご多忙中とは存じますが、なにとぞご来臨下さいますようお願い申し上げます。

まずはご案内かたがたお願いまで　　　　敬具

記

1.日　時　1月1日(木) 午前11時

1.会　場　当事務所にて

千代田区神田神保町3－2－6

丸元ビル7階 TEL.239-0068

(地下鉄東西線九段下駅下車
専修大学交差点手前)

4　貯蓄組合で顧問先との話し合い

市の補助金の活用

会計事務所でも資金を集める方法はたくさんありますが、その中で納税貯蓄組合についてふれてみたいと思います。まずこの貯蓄組合というのはもうご存じかと思いますが、各衛星都市に、納税貯蓄組合制度というのがあります。そこには、その市の納付金の五％（最近は財政が圧迫しているので三％にしぼってる市もあります）を、還付するという制度があります。

商売人とか近所の人がよく「貯蓄組合で旅行に行きました」と言ってる方がいます。その費用は全部ここから出ているわけです。この金は放っておいたら、その地区地区の古い顔役のとこへ全部いってしまう。これではいかんということで、急遽私のところは三つの衛星都市の各貯蓄組合に申請を出しました。市の固定資産税と市民税と軽自動車税ついては納付の五％が返ってくるわけです。しかし法人の源泉は駄目です。給与所得者も駄目です。市民税は申告してる人の分は全部五％、昔の話しで、今は予算がなく還付はありません。衛星都市によって多少違いますが五％くらいは戻ります。

五％還付

それにはどうすればいいかということですが、私のところは松原市で、堺市には事務所はありませんが顧問先が堺に三十件ぐらいあり、ぜひ設立してくれと言われたので貯蓄組合係の方へ五十七年の四月一日に行きました。それで納税貯蓄組合設立届けというのを出しました。これは特に貯蓄組合の組合長さんが堺市に住んでいなくてもよく、どこでもいいのです。松原市の杉井会計事務所内の杉井納税貯蓄組合ということで文書がまいります。これは全部で二十件、軽自動車でしたら三件、市民税が七件、固定資産税が十件あったらもう設立出来ます。とりあえず二十件あったら出来るのです。

衛星都市によっては名前のつけ方等いろいろ言われますが、堺市の場合はごく簡単でした。課税課の方へ参り、係の方にいいますと「はい、けっこうですよ。名簿を出してください」ということで、顧問先の固定資産税と商売をしておられる人は市民税、それから軽自動車税を払っている人の名簿を全部拾い出したら、三十五件か四十件ありました。「その中で役員をこしらえて下さい」ということで組合長に私がなって、副組合長に得意先の社長、それと理事と幹事と四人の名前を書き出しました。

これは納税貯蓄組合規約というのがありまして、全部書いてあるわけです。届けに入れなくてはいけないのは組合名で、第三条のこの組合名は杉井納税組合と申しますということと、第一一条にこの組合は次の役員をおく、ということで組合長、副組合長、理事、幹事、これだけの名前を入れて、この納税貯蓄組合規約をつくり、この名簿に顧問先の名前を書いて、そしてこの設立届けを出しに行ったら「はいＯＫ」ということでした。

特に衛星都市になりますと、固定資産税を持っておられる方が非常にたくさんおられます。中にはお百姓さんの方もおられ、だいたい固定資産税を三百万円ぐらい払う方がおられました。三百万というと結局十五万円が返ってくることになります。うちの納税組合に三〜四人おられまして、固定資産三百万円というと農家の方ですが、百万円ぐらい払う人がおります。土地持ちの方が非常に多いし、それ以外に市民税を払っておられる方、一千万円ぐらいの所得を出しておられる方は市民税を百万円払われると思います。

そのうちの五％、五万円が返ってくるのです。その返ってきたお金をプールしておくわけですが、そのたまったお金で、第一回目は浜名湖の館崎温泉方面へ観光バスを借りてつれて行きました。二年目は赤字が出たので放っておきまして、三年目は本を配りました。この間税理士会からいただいた本で、家庭の法律知識とか、家庭向けのいろいろなぶ厚い本があります。ある出版社から出ている本ですが、二冊ずつ送ったら顧問先から非常に喜ばれました。いつも顧問先からお中元や歳暮をもらったままで、何もお返ししていないので、その本に、「杉本納税貯蓄組合」と貯蓄組合の名前を銀で入れて、百冊ほど作り、組合員の方々に渡しましたら、「先生、いい本をいただいて家内がよう見とりますわ」という電話がかかってきました。

そういうことで、貯蓄組合は作った方が良いと思います。もし作らなかったら、その金はどうなっているのかということですが、ある銀行で聞きましたら「貯蓄組合に入らないと市が回収してますよ」ということでした。未加入者の方に「銀行引き落としで入ってください」といって勧誘しているんですが、本人の了解をとらなければいけないということでした。私の顧問先はすべて、銀行引き落としにしています。衛星都市によっては、作るときにもめる場合があります。例えば、会計事務所という名前をつけるのを渋ることもあり、またそれでもとおった市もあります。結局、年に六十万円ぐらい返ってきています。現在百万円ぐらいたまっていますので、旅行にでも連れて行かなければならないと思っています。旅行といっても、顧問先の社長が忙しいので、お金で配分しようか、あるいはパーティーでもしようかと、今悩んでいる次第です。

貯蓄組合の設立の場合は業種別か地域別に区分してあり、地域別は各町会が、単位になって各々組合長がいるという現状です。この為この業種別の中にくい込むわけですので、すでに他の組合に入っておられる場合は、本人よりもまず組合長に申し出て、一応脱退届けを提出させてから会計事務所の貯蓄組合に加入してもらうことになります。

例えば、業種別の場合には商店会で作ります。料飲宿組合、市場酒販組合、医師会、浴場等、また組合では近鉄や大阪市交通局の組合がもう既に各市で設立し、補助金の還付を受けている状態です。貯蓄組合の件は、大阪市の場合は私はやったことがございませんが、豊中と吹田とか東大阪と、八尾とか松原、堺、泉大津とかは全部簡単に受付してくれます。この市に払っているお金をなんとかこっちへ回収して、我々会計事務所がその還付金を有効に使うべきだと思います。

ある衛星都市では、十二月に全部完納しない場合は還付金がゼロのところもあります。例えば堺市は九十五%まで回収しなかった場合、還付金はゼロです。他の衛星都市は九十%まで回収した場合は十%、まだ納めていない納税者は、二%とか三%とかで率が減ります。十二月になると、市から明細をもらって電話をかけていかなくてはならないと思います。そんなに仕事の内容自体は手間はかかりません。最初は非常に時間がかかりますが、慣れますとそうはかかりません。

とくに貯蓄組合を作ったときに問題点になるのは、修正申告を受けたときです。修正申告を受けたときは、修正の更正が来るので、そのときに市民税が途中からあがってくるわけです。例えば三百万円くらい更正されて修正申告を書いたら、二カ月ぐらいすると市から市民税があがってきます。それを、なかなか払ってくれないわけです。

ですからそれを「これはこのあいだ修正申告した分の市民税です」と頼みに行って、それを払わさせないと還付金に影響します。去年はそれが一件ありました。「わしはこんな修正申告にハンをおすのはいやなのに、勝手にハンをおして」とむこうは怒っておりましたが、貯蓄組合にも影響するのでやむを得ないということです。三月か四月になってから月賦で払ってもらったのですが、普通の市民税は払えるんですが、修正申告した分はちょっとこたえます。なにはともあれ、貯蓄組合はどんどん作っていただきたいと思います。

5　はがき作戦

暑中見舞・年賀状

ある管轄内でＴＫＣの若い先生が、ある案内を出したということで、それが税理士会の支部で非常にもめたことがありました。今、税務署では、喫茶店とパーマ屋さんを重点種目においてますが、そういうことで、ある税務署管轄内の喫茶店とパーマ屋の経営者全部に対して、「今年は喫茶店とパーマ屋さんが重点調査の対象になっています。貴殿の店も近く税務署より問い合わせか、調査があると存じますので私の事務所で相談に応じます」という文書を送ったというのです。

たまたまその税理士会支部の役員の奥さんの親戚の人が、パーマ屋さんをやっていたので、その税理士の名前でこんな文書が来ていると伝わり、支部で問題になりました。そこで、支部長が二人の若い先生を呼んで、こういうことをしないようにと注意をしたということがあったのです。あまり派手な内容の文書を不特定多数に送るということは避けて、もう少し要領よくやっていただきたいと思うのです。

それで今後こういうことをしないようにということで、綱紀委員会とかいうところへは訴えないで、本人に厳重に注意したいということでした。

ですからはがき作戦にしても、内容をよく吟味して出さないと、前からそこを顧問にしている先生とトラブルがおこります。あっちこっちへ行って名刺交換をしているのはいいのですが、全然面識も何もないとこへ手紙を出すというのは、よっぽど気をつけないとトラブルが発生します。最近ちょっとそういうものに敏感になってきておりますもんですから、よく注意して出していただきたいと思います。

コンピュータ導入はがき

私の場合はコンピュータを入れた際に、このようにシステムをかえましたということで知り合いのところとか、いろいろなところに、はがきを送ったことがあります。

次のようなはがきですが、自分のところの経理データをＴＫＣのコンピュータに入れるとか、今度はどういうようなシステムをやるとか、そういうようなはがきを三百枚なら三百枚送りますと、中にはちょっと来ていっぺん相談にのってほしい、ということがありました。

こういうのをコンピュータを導入してできないだろうか、ということでいろいろな話もありました。やはり顧問先とか知り合いに対して自分の事務所がレベルアップしたとか、何か変わったときに案内状を送るというのは可能です。しかし全くの不特定多数に送るというのはやめておいた方がいいと思います。

同窓生の名簿とか大学生のときの名簿などを取り寄せると、同期の前後とかだけでもすぐ百枚、二百枚は集まるものです。高校だけでも一年で百人ぐらい、大学になれば八百人ぐらいおります。小学生でも少なくても五十人ぐらいおりますから、千枚ぐらいは出そうと思えばすぐ出来ます。そういうような、あまりさしさわりのないようなところへ、そんな案内状を出していただきたいと思うわけです。しかし出す場合は、よほど注意して出していただきたいと思います。

コンピュータ導入はがき(例)

拝啓　貴家ますます御清祥のこととお慶び申し上げます。

今般○○会計事務所開設記念としてコンピュータを導入致しました。

個人の白色・青色の記帳から決算申告書作成まで、又会社では毎月の元帳作成から法人の申告書まですべてコンピュータで処理致しますので、なんなりと御申出下さいますようお願い申し上げます。

とり急ぎお知らせまで。　　　　　　　　敬　具

令和 ~~昭和~~　　年　　月　　日

○○会計事務所

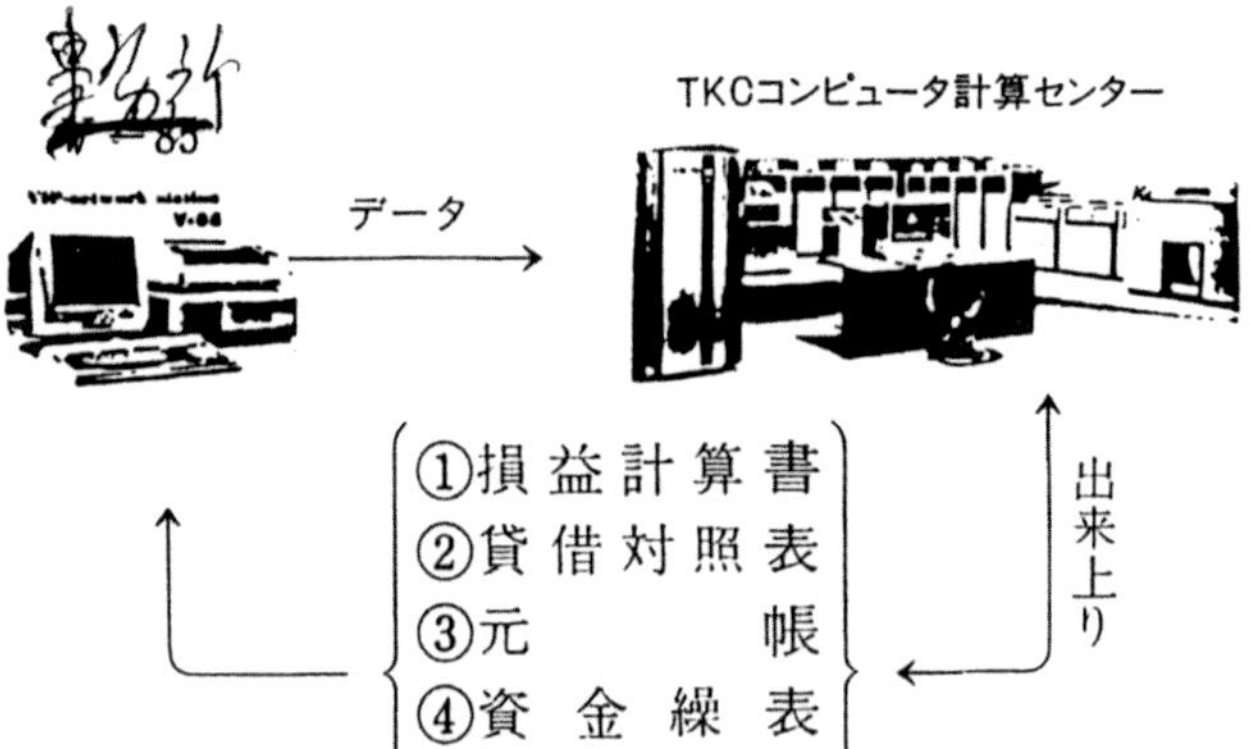
⑤経営分析
⑥次期業績予測

6　確定申告期の対応

作成した申告書については住所、氏名、ＴＥＬを

次に、確定申告期の対応によって顧問先をふやす方法を考えてみました。この時期は税理士会の応援として我々も各税務署に行きます。大阪市内は所得税の確定申告は多くはありませんが、各衛星都市に行くと非常に多いところがあります。中でも特に多いのは、外環状沿いの各市関係が非常に多く、大勢の方が来られます。そこで確定申告の応援をやるときの顧問先をふやすチャンスではないかと思います。いろいろな税理士先生がいらっしゃって、ならんで納税者と話をします。まず名前と住所と電話を書きますが、一件一件事業の内容を聞いて申告書を書くわけです。中には税理士が全然入っていない納税者と話をすることもあるので、顧問先になってくれるのではないかということが、おうおうにしてあります。他の先生が隣りに座っているので、あまり名刺を渡したりすることが出来ないのですが、よく話して「確定申告がおわったらいっぺん先生のところへお伺いします」と言うお客さんがいれば、六月ごろに、こちらからそこを訪問するといいと思います。

相談内容のチェック

自分では「だめだろう」と思っていても、名刺を渡しておくと、何かのときに電話等で「ちょっと帳

面を見てほしい」ということがよくあります。私の場合は決算準備表を事務所でこしらえていますが、それに事務所の電話番号と場所を書いておいて、それを名刺がわりに渡すわけです。

あまり宣伝にはならないと思うのですが、簡単にしようと思ったら事務所のゴム印をおしてコピーをとったらいいのです。コピーを百枚ぐらいとって、たえず二十枚〜三十枚持っておいて、相談があったときにそれを名刺がわりに渡すとか、まあいろいろな方法があります。そういうところにも、新たな顧問先がころがっていると私は思います。

あまりむやみやたらにやりますと、ちょっと問題が起こりますが、住所と名前と事業の内容を聞いて「六月ぐらいに、いっぺん前を通ったらよせてもらいます」と言うと、「ぜひ来てください」と、お愛想で言うのかもしれませんが、行ったら丁重に扱ってくれる場合もあります。そのようなことで確定申告の応援のときにチャンスをつかむということも、ひとつの顧問先をふやす方法ではないかと思います。

7　記帳指導

青色の記帳指導

青色の記帳指導は、各税理士会の支部でやっています。最近、新規の青色の記帳指導は非常に少なくなっていて、私は八尾市の方で担当したこともありますが、もっと若い先生にまわしてくれというような話があり、三年程前から記帳指導はやっておりません。やはりこれから減るところも何件かありますので、その分だけほかでふやさねばということでがんばってます。

先程述べたように、各衛星都市では記帳指導を受ける納税者は非常に少なくなり、各市で指導者が七人全部で三十人ぐらいしかあたらないと思います。各署では二十人～三十人ぐらいしかあたらないと思います。しかし、記帳指導というのは進んでやった方がいい。これは非常に顧問先がふえると思います。

私も、記帳指導させてもらったのが、ちょうどＴＫＣに入会した時でしたが、ＴＫＣ日計帳のノート（ＴＫＣ日記帳）があるのでこれを持ってまわりました。これを一冊ずつおいてくる。非常に簡単です。「ここに領収書を貼って、こういうふうに書けば簡単にできますよ」と説明してこれを一冊ずつ置いてくる。確定申告の三月にだけ来るお客にもこれを持って回ったわけです。そうすると寿司屋とか豆腐屋さんなどは確定申告になったらナイロンの袋に十ほど入れてもってきて、ぽんと渡します。

しかしよほどきっちりやっていても、調査したらやはりぬけている場合があります。日頃からどうしても整理が出来ないお客もあります。そういうところには、この日記帳をもって回る。青色の記帳指導のときもそうでした。「これをちょっと書いて下さい」ということで、一カ月ぐらい後にのぞきにいったら、ちょっと書いてあった。これだったらいいという程度のものです。それ以来顧問先になってもらったということが、非常に多いわけです。

記帳指導の方はこちらから税理士会に頼んでも順番制になっております。やはり支部の方へお願いして、支部長に「記帳指導をさせて下さい」と一言電話しておけば必ずさせてくれます。一度もやってない方とか、過去に一回か二回しかやっていない方は、三、四年は続けてさせてくれますので、ここから顧問先をふやすということも出来るわけです。

商工会議所の指導

それから商工会議所の指導というのもあります。大阪市の場合は、ある一人の人か、何人かの人に限定してるそうですが、各衛星都市では商工会議所の指導という形で申し込んでいれば、我々にさせてくれるところもあります。また、市によっては順番で税理士の先生にあたるところもあります。この商工会議所の指導というのも非常にいいと思います。この場合、商工会議所の中に勤めている事務職員が記帳指導していることもありますが、それよりも我々が進んで記帳指導をしないといけないと思います。そこから、お客をつかめることがあるからです。

8　紹介のお願い

顧問先の紹介

顧問先に「お客を紹介して下さい」とお願いしておきますと、毎月巡回監査をしている顧問先が百件を超しますと、だいたい年に七〜八件の紹介があります。その紹介をいかにフォローし、またうまくつかむかということが大切なことです。今私は職員に顧問先に行かせていて、自分が行けないものですから、顧問先のことがいかにうまく所長に、詳しく伝わるかということが非常に悩みの種です。

私の事務所も簡単な巡回監査報告書で特記事項を報告させるようにはしているのですが、たえずいろいろな機会に「お客様を紹介して下さい」と顧問先に頼んでおくと、紹介してくれます。しかし意志表示をしないとふえません。やはり何かの会合があったときに、「うちももっと事務所を拡大しようと思っていますので、紹介をひとつよろしくお願いします」ということで頼んでおくと、だいたい七〜一〇%は自然増があります。職員が開拓してきた場合は、その職員に何か手当を渡すとか、奨励金を渡すとかしたらいいと思います。

顧問先が紹介してくれたときも、必ず顧問料の半月とか一カ月分とかの金額を商品券で渡すとか、ネクタイとかシャツ等を渡します。この間も、良い顧問先を紹介していただいたので、洋酒を贈って「またよろしくお願いします」と頼んでおいたら、また紹介してくれました。「こんどはゴルフボールがいい」ということでゴルフボールを贈ったというようなことがありました。このように紹介を頼んでおけば、自然と顧問先はふえてくると思います。

銀行の紹介

私の事務所のちょうど前に住友銀行がありますが、この銀行の紹介で顧問先がふえることが多いです。やはり近所の銀行へ預金することです。また何周年記念とかいうことで銀行がたまたま頼みにくるときがあります。三日ほど前にも支店長が来て「十二月は住友銀行の八十周年記念と、松原支店の十五周年記念にあたりますので、十二月一日に百万円ぐらい定期に入れて欲しい」と頼まれましたので、「その代わりに紹介をお願いしますよ」と頼んでおく。すると必ず一月に一件ぐらいは紹介してくれます。

あちこちの銀行に頼むのもいいですが、ひとつの銀行をぐっとつかんでおいて、たえず外交員に「紹介してくれ」と言ってはっぱをかけては、定期をするかわりに紹介をお願いする。この場合、非常に気をつけないといけないのは前の先生が入ってる場合です。ご存じだと思いますが、やはり我々同業者としていろいろな語弊やトラブルあったらいけないので、まず前の先生が入っているところは、顧問先からその先生に断っていただく。そして「昭和〇年〇月付で顧問契約を解除したい」という文書をかわしてからでないと顧問契約はしないということにします。

前の先生を断ってないのに我々が行きますと、やはりいろんな問題が生じます。私の場合は銀行からそういう話があったら、まず文書でちゃんと断ってもらいます。それで顧問料の一カ月分なり二カ月分なりを先に渡してもらって、ちゃんとしたうえで顧問をするというようにしています。

このように銀行からの紹介は非常に多くあります。従って銀行には、何か機会があるごとにお願いしておいた方がいいと思います。そのためには、定期を銀行にしてあげないといけない。

私の場合には、納税貯蓄組合をこしらえて、固定資産税を銀行引き落としにしてもらっているために、そこに顧問先全部の口座をこしらえたわけです。それによって、今まではその銀行ではなくて、信用金庫とか信用組合とかでやっていた三十件～四十件ぐらいの顧問先が、住友と取引をすることになったわけです。なかには十件に一件ぐらい二百万とか三百万円とかの郵便局や信用金庫にしていた定期をそこへ替えたところがあり、非常に支店長によろこばれました。そして、私はいつのまにかその銀行支店の顧問税理士（手当はもらっていません）になりました。やはり、ギブ・アンド・テイクです。

やはり銀行のセールスも、自動車のセールスと一緒でつらい仕事だと思います。預金も獲得しなくてはならないし、本当に気の毒です。私の事務所が仕事を終えて帰るときでも、銀行を見ると八時でも九時でも中は電気がついていていてたしかによく働きます。

この銀行さんは非常によくやってくれる上に、銀行の紹介ですと必ず顧問先になります。この間も銀行さんから紹介をもらってすぐとんで行きました。それでもすぐには決まらずに事務所の会計だより送っているうちに、三カ月ぐらい後にむこうから返事があったりすることがあります。一カ月にいっぺんでもいいから事務所の発行した何かを送らないと、むこうもやはりぴんとこないのです。一回見込みのある客の家にいったくらいでは、なかなか顧問先にはなりません。このように顧問先に紹介をもらったとこは一〇〇%顧問先になるようにしています。

生保の紹介

ＴＫＣの会員には、大同生命からの紹介は一度もないのです。ところが顧問先の娘さんが別の生命保険会社の外交員をしてまして、生命保険に入ったらということで入りました。顧問料五万円のうちから生命保険料一万五千円を払って、差し引き三万五千円しかもうからないということになるんですが、これもギブ・アンド・テイクです。

皆さんも生命保険の外交員に会った時に、「顧問先の紹介があったら生命保険に入りますよ」と言うと、すぐ持って来るのではないかと思います。あちこち生命保険に入るのもお金が必要ですから、あまりそういうことをすると生命保険だらけになって、事務所の費用が多額になってしまいます。

損保の紹介

ＴＫＣは東京海上と興亜と同和の三社と損保の契約をしております。私のところは興亜火災と同和火災をやっております。同和火災の方は、他の先生も入っていらっしゃいますが、興亜火災は藤井寺の方はだれも税理士がいないので、私が行きました。

代理店としての収入はたいしたことはないのですが、そういうところへも、名刺交換をしておくのもいいのではないかと思います。私の事務所の損保の年間収入は、六十万円ぐらいあります。ですから事務所の慰安旅行は、全部損保の代理店の収入で今現在行っているような状態です。

その外交員の人に顧問先を紹介をしてもらえば、顧問先がふえることは確実です。車のセールスマンが千件回って、有効訪問件数が七件。我々税理士の飛び込みも同じことですから、千件ぐらい回って七件ふやすよりも、銀行に口座を百件つくって一〇〇％実現可能な紹介をもらった方がずっといいと思います。私はこちらの方をおすすめしたいと思います。

9　目標訂正のグラフ

自己のグラフを作成

今はどこへ行っても、セールスとなるとグラフをひとつの目標にしてます。私も自動車会社にいたものですから、グラフを書くのが好きで、よくグラフを書いています。事務所には、お客さんの見えないところにグラフが何枚も貼ってあります。グラフを自分で書くには、自分の目標を決めないといけないと思います。ただ、単に税理士をしていくのも結構ですが、やはり自分の事務所の目標というのをたてて、今年中にはどのくらいまでやってみようかということです。

私の事務所の場合、これまでの成長率を落とさずに収益性拡大に意欲的に取り組むと、昭和六十年までに六千万の収入、六十五年までに一億円の収入を目標にしたいということで、そういうような目標を、自分でたててみたわけです。

一〇〇%達成しようと決心して、自分で自分の目標をたてて鍛えるということも、やっぱり一国一城の主であり、いやしくも国家試験をとおってきたものにとっては必要なことではないでしょうか。皆さんに注意したいのですが、指導するのはいいのですが、おのれの研磨という面で非常に欠けてる場合があります。

我々は試験を受けるときには、所得税法第三九条（サンキュウ）の自家消費とか相続税法第三八条（サンバ）の延納と相続税とか、所得税法第三三条（サッサト）の譲渡とか、条文を漢字の暗号をつかって必死に覚えましたけれども、試験を通ったら勉強する気にもなりません。今はこのＴＫＣの90時間研修など受けさしてもらって勉強する程度で、あまり勉強をしていないのが本音です。

自分の研磨もしないようですが、もう試験に通ってしまったら、毎日家に帰ってビールを飲んで、テレビを見て寝るのではなくて、自分の事務所の将来をどうしようか、またどこまでふやそうかと考えて目標をたてて実行していくことが、成功に近づく第一歩です。私の場合は一応このように目標をたててやっています。

何もそんなにまでしなくたって、のんきにしていたらいいという方は、それでも結構ですが、せっかく税理士になったのですから、ある程度の人員までふやそうということになれば、イソップ寓話の「アリとキリギリス」のキリギリスにならないように、自己啓発ということが大切ではないかと思います。

そんなことで、グラフを利用してます。私は大同生命の企業防衛をやりだしてまだ間がないのですが、興亜火災の五十八年の収入が七百万円です、保険料収入が一千万ちょっと切れるような保険料ですので、あまり自慢するような数字ではないのですが、グラフを書くと皆がやる気になるようです。

グラフを書くと職員が皆やりだすということで、グラフは我々人間になんとなく威圧感を与えるようです。グラフから威圧感を感じて、ある程度顧問先をふやそうという気持ちを起こそうと思ってグラフを書いています。皆さん方も自分で楽しみながら、グラフを書いていただいたらいいのではないかと思います。

10　セールスマンとしての自覚

セールスマンとしての自覚ということですが、私はセールスマンを一年ほどかじらせてもらった関係でいつも言うのですが、「自分はセールスマンである。セールスをしなくてはいけない」という気持ちを絶えず持って、人に会ったら必ず名刺を出して、「私はこういうことをしています」「こんな商売をしています」ということをＰＲしていただきたい。同業種の人の間でいくらＰＲをしたって顧問先はふえませんが、やはり全然知らない人に会った場合には必ずセールスを心掛けます。

ですからいろいろな会合に出るのはいいことです。結婚式でも、あるいは選挙もいいチャンスです。地方選挙なんかがあったら、陣中見舞いということで何人かにビールを配ったりする。そして当選でもしたら必ず当選のお祝いに行きましょう。そこにはいろいろな人が来ていますからいい機会です。そこで名刺交換をしておく。そういう人から相続を依頼されるとかいう話がたまにあります。

従って国会議員とか府会議員とか市会議員とかの選挙応援というのも非常にプラスになります。私はそういう会合には必ず出ています。いつも選挙になるとそういう席で、皆丸く輪になって何かを話しています。地元の有志の人とか土地持ちとかマンションを持っているといった、暇で金を持ってる人しかそんな応援には行きませんから、話題も税金の話が非常に多いのです。ですから、そういうように選挙をうまく利用するというのも、ひとつの方法じゃないかと思います。

　やはり地元の市会議員の選挙は最低一人を応援しておけば、なにかのときにも使えますし、特に国会議員の選挙は手伝いに行く必要があります。まあそんなことで、たえずセールスマンであることを自覚していないといけないということです。

「おじゃまします」という文書を、ＴＫＣからもらいました。北支部の○○総合会計事務所の先生が平成○○年に開業して、現在、事務所員が十八名。十八年かかっています。一年に一名ずつふやしているわけです。一年に一名ふやすのが平均ではないかなと思います（あまり大きいと採算ベースも異なりますので、二十名を事務所の最大限とするとです）。十五名でも結構ですし、十名なら十名までふやしてみようというぐらいの目標がいいと思います。一年に一名のペースで、女子でも男子でも結構です。

11　個人事業者の育成方法

ポイント１　一〇〇％電算化すること

ＴＫＣの小規模収支日記帳を使用している場合に、税務調査の際、一番問題になるのは、前日の現金残高と本日の現金残高です。現金出納帳がないと、調査のときに注意を受けます。私の事務所の場合はもうすべて、上の現金と下の現金はそろばんを入れさせて、残高がマイナスになれば店主借りにします。合わない場合は、こちらの方で一応収入とされない金額と経費とされない支出の方で一応合わせていきます。調査の場合にはこれが一番の問題点です。ですからこれだけ入れていただければ、あとは事務所でインプットさせれば簡単です。問題は一〇〇％電算化ということです。

ポイント２　巡回監査率一〇〇％

次に巡回監査率一〇〇％ということですが、ある先生はあまり顧問料が、何千円とか一万円とかいった安いところは巡回監査を半日もかけたらいけないと言ってました。なるほどそうです。しかし、私の事務所の場合は、そういう一万円のところは三カ月に一回しか行かないようにしています。巡回監査の趣旨には反しますが、一度行って三万円はもらわないととても採算があいません。

職員が行くということになると、やはり往復時間とか考えると半日はかかる。そして仕事を持って帰ってきてから一、二時間はかかりますから安いところは三カ月に一回ぐらいしか行けないので、この場合には、書類を送っていただくようにしています。これはどういうふうにするかというと、最初の月にまとめて書類を十二冊渡すんです。住所の入った大きい封筒も入れておくわけです。その封筒に入れて、月々送ってもらうわけです。もちろん決算のときとか、決算が終わったときとかの年に二回くらいは行ってますが、顧問料金額が非常に少なくなると、巡回監査率一〇〇%はちょっとむりかと思います。一回の金額が三万円ぐらいの金額で、月一回の巡回監査が出来るぐらいでしょう。一応そういうふうに決めて巡回監査を実施しています。

ポイント3　利益拡大指導

利益拡大指導ということですが、前述の日記帳でやっていますと、売上が一億円を超えたら利用できませんから、財務三表システムを利用してもらいます。売上が五千万円ぐらいになってきたら、有限会社にした方がいいと思います。

今度の商法改正で、有限会社の最低資本金が少なくても百万ぐらいにまでなるかもしれませんが、今五千万円ぐらいの売上でしたら法人化した方が事務所にはプラスになります。今まで顧問料が一万円なり一万五千円のところが、有限会社になると簡単に三万円ということに話を決められます。

会社ですから現金出納帳も書いていただきます。売上帳も書いていただくということで、システムもまた違ってきます。システムは財務三表を使ってもらわないと困るということで、その場合は三枚複写伝票を切らすのはちょっと無理ですね。三枚複写伝票を切らすまでに二年から三年おかないといけないと思います。その間は現金出納帳を書かせます。そして、そのコピーをもらって来て、当座出入帳のコピーももらって来て、そこへ直接コンピュータのゴム印を押して、そのまま入力して摘要も入れてるわけです。ですから取引件数が百件ぐらいでパンチ打つのに、一時間ぐらいかかります。摘要もガス代でしたら「ガス」というように主要勘定を出してるのですが、だんだん慣れてきたら、伝票を切らすというようにしています。

ポイント4　法人成りの指導～業種別により一〇〇％法人化～

個人から法人化するのはＴＫＣ広報部発行の「個人事業の受託の手引」に法人成りのことが書いてあります。「個人事業群の中にも素晴らしい成長企業がある。それは遠からず法人となる予備軍である。およそ受託数に対して当初二〇～三〇％の法人成りは必ず出てくる事になる」と書いてありますが、この法人成りが案外少ないのです。「法人数増加のうち、ほとんどが法人成りであろう。そしてその増加数も年六万件前後であり、四万強の税理士数で除せば一会計事務所当たり一・五件弱である」ということです。

ポイント5　大量かつ効果的な採算性

これは個人事業の育成の中にも書きましたが、この間、大阪府岸和田市のA先生の事務所へ参りましたときに、七つのグループがあり、中に資格のある方が二、三人いらっしゃいました。一つのグループに男三人と女一人、それが七グループあるのです。要するに七つの会計事務所が一つだということで、非常に大きな会計事務所でした。Ａ先生の講演を聞いて参考になったんですが、大きくなるとやはりグループ制にしないと管理が出来ないということです。これは管理職の教育のときによく言われましたが、やはり人間が直接管理を出来るのは十人、それ以上はなかなか管理出来ません。

ポイント6　グループ制度導入

職員を五人以上にふやそうと思ったら、グループ制にして権限をある程度委譲するために、資格ある人を一人なり二人なり入れて管理していかないといけません。大会社ですと、係長、課長、そして部という制度があり、また、業種によって違いますが、課長の見れる範囲は十人だと思います。それ以上ふやすと、どこで何しているのかわからない。ですから三〜四人というのがグループのなかでいちばんいいようです。うちの事務所の場合は、三つのグループをつくり、グループの長の下に男二人と女一人をつける。そして、大ざっぱなことはグループ長にまかせていくようにしています。

例えば調査のときは非常に困りますが、所長は最初の日だけ行って、翌日は職員に行かせて内容をチェックさせる。最終的には税務署と私が話をするということで、調査には全部行っていますが、日頃の借り入れの書類とかは皆そのグループ長と話をさせるというふうにしないと、事務所は人員をふやせません。ですから、これから十人以上にふやしていこうと思ったらグループ制にしないとやはり顧問先の不信をかいます。

こっちの申告書を見てあっちの借り入れの書類を見てたら、自分の時間もないし考える間もありませんので、やはり細かい仕事は権限委譲しないとだめです。十人以上の事務所にしていこうと思う人は、必ずグループ制にしないといけないと思います。A先生のところもグループ制にしておられて、調査もほとんどグループ長が行ってるので、ぜひそのようにされた方がいいのではないかと思います。

12　法人化対策とすすめ方

法人化のすすめ方

我々が関与している顧問先がふえるというのは、法人成りしかありません。法人というのは少ないというわけです。この法人成りは、私の方では確定申告でも個人でも全部色わけにしていまして、例えば、喫茶店とパーマ屋さんは赤にして、製造業は緑にしてとか色わけにして管理していますが、喫茶店とかパーマ屋さんは法人成りがありません。これが、チェーン店の場合は別で、豆腐屋とか漬物屋とかは、支店を出したりして法人成りがあります。

業種別にみて製造業とか卸売業とかは、割合法人成りになります。飲食店とか食堂とかパーマ屋さん等の小口の現金を扱っているところ以外は、全部法人成りの見込みがあります。

売上三千万円ぐらいでも「社長、そろそろ法人にしたらどうですか」と言えば、胸をときめかして、信用もつくし「ここらで法人にするのもいいな」ということで、話し方によってはとびついてきます。先生のもって行き方次第で、事務所の収入もふえるのです、とりあえず個人をとって、何回かふるいにかけなくてはいけないと思います。喫茶店でも店を三つも四つも持ってるところや、製造業は法人成りになるところが多いです。ですから絶えず色分けして、目標として一年に十件ぐらいは法人成りをしようということでやっています。これも司法書士と組んで、一応費用をきめております。

法人成り費用

株式会社の場合　三十万~五十万円

有限会社の場合　二十万円　↓　二十五万円

法人成りの費用は、司法書士の資格をもっておられて、事務所で法人の登記の手続きをしてらっしゃる方もおられると思いますが、司法書士にお願いする場合はだいたい、二十七万五千円ということでやっております。顧問先からは三十五万円いただく。差額の七万五千円は事務所の雑収入へ入れるというふうにしております。このように法人成りででも収益をあげるようにしているのです。

有限会社の場合は、十七万五千円を司法書士に渡して、お客さんからは二十五万円もらうということで線を決めています。

会社をつくって法人成りをするには、やはり個人業をつかまえておかないと法人はふえません。顧問先が雇えない状態のところへ皆が取り合いをしますと、やはりルールというのが犯されます。商売人の人でも一万円ぐらいで契約して、ある程度三年間の業績をみて、もうけてるなと見たらすぐ法人に持っていって顧問料あげる。つまり法人にするのは顧問料をあげるためにしてるのです。

会計事務所の顧問先のうち法人何件、個人何件というように、よく事務所のＰＲに書いてありますが、個人のあるところは将来性があります。必ずそこから六割から七割かが法人化出来るからです。ですから、確定申告時にこられるお客さんも大切にしないといけません。たえず底辺をふやしていかないと、上の方が減った場合に成長出来ないということですから、いかに個人事業の受託が必要であるかということがここでよくわかると思います。

第二章
個人事業受託の手引について

今年度に新たに「個人事業受託の手引」（ＴＫＣ全国会小規模事業推進委員会・編集発行）の改訂版が出ました。三回ぐらい改訂しておりますが、内容はそのつど倫理規程のことをきつくいっております。個人事業を受託してもいいのですが、やはりルールを守ってくれとあちこちに書いてあります。

明日の会計事務所の発展をするための手引ということで、要点だけちょっと説明させていただきますと、「個人事業受託の意義とその背景」ですが、何年か前に税理士会と青申会と国税庁の三者間に三者協定というのが結ばれました。ここに今日の青申会とか、商工会議所とかの自主申とかのはびこった原因があるのではないかと思います。その後二十年以上たってますが、放置した結果、白色がはびこりだして、やっと今年から記帳義務がはじまりますが、これも罰則規定がないというような状況です。結局、飯塚会長がおっしゃるには、五つの危機があるということです。

これはまず一番目として、松下電器もそうですし、トヨタ、ニッサンでも全国にディーラーがありますが、それが車種別に分かれていて、二百何件というディーラーがあります。「トヨタカローラ南海」とか、「トヨタ大阪」とか「トヨタオート」とかいうように、大阪だけでも二十軒ぐらいはあるのではないかと思います。ニッサンも「ニッサンチェリー」とか「ニッサン販売」とかがあります。マツダも「マツダオート」とか「大阪マツダ」とかがあります。ホンダも三菱も同様です。

これらは全部に親会社がありまして、公認会計士で連結財務諸表をとっております。それら皆すべてを親会社の公認会計士が一手に押さえてやっているわけです。私はマツダにいた関係で、整備工場を今見ていますけど（マツダ東大阪サービスセンターという検査ばかりやってる子会社です）、ここは連結から資本金の関係ではずしてあるので、ここは見てくれということで、顧問料をもらって見ています。大会社になると全部連結されます。そうしてくると我々の職場が、非常に脅かされてくるので大きな問題と言えます。

それから二番目は、商工会と商工会議所の指導体制強化と電算会計事務所についてです。商工会というのは民主商工会ではなくて、商工会です。商工会議所というのは大阪とか、堺とかの、都市部に多いのですけど、商工会は、ちょっと田舎の方です。商工会で、未だ会議所ではないのですが、こういうところは非常に電算化が進んでおります。あちこちでオフコンを入れてます。それで、商工会に頼んでみてもらってますという個人事業者が各衛星都市でもあると思います。全部機械に乗せられてきますと、結局我々の職場が脅かされるということです。

ところが最近支部によっては、非常にうまくいってるところがあります。大阪を例にとると、東住吉では、自主申と税理士会とがうまくいってますが、それ以外のところは自主申と税理士会とがもめてます。自主申というのが非常に力強くなり、自主申の会長が直接税務署と交渉していたり、移動などがあると、自主申の方を先に呼んで、税理士会があとになる場合がおうおうにしてあるというのが現状です。青申会の自主申とか、商工会議所が非常に勢力を持ちました。

商工会議所と両方が入っている場合は、そのルートの調査内容の連絡事項もある場合もあるのです。

ですからこういう力に打ち勝っていかなければなりません。

これから商法の改正がどのように行われるかはわかりませんが、監査といっても、資本金が大きいところだけで、小さいところはそこまでいきません。現実として実際に、それらがはびこっていますので、こういうとこからお客をとっていただきたいと思います。こういうところはたくさんあると思います。ですから自宅が郊外にあったら、郊外の近くの会合なんかに出て、どんどん個人事業の受託をお願いしたいと思います。

それから三番目は、銀行・証券会社等の財務計算領域への進出。証券会社とか銀行などは必ずコンピュータを入れていますので、最近は信用金庫あたりから、「ちょっと入れてあげましょう」というような話もあると聞きます。

四番目は、非職業会計人集団による顧問先の横奪ということです。

これはまあ名前をはっきり言うと語弊があるかも知れませんが、民商の場合は、比較的立ち合いもさせません。

どこの税務署も、民商担当の部門があります。私の場合は、堺税務署の担当官のところへいって、今回民商を脱退して税理士に見てもらいましたという文書を出せば、調査しないという内々約束というようなことを聞いたものですから、そういう文書をいちおう出しました。民商から移ってきた場合、税務署は全然調査に来ません。ひどい場合は、三年も四年も来ないこともあります。中企連もしかりです。

こういう団体がはびこってます。ですからこういう団体からも、もっとお客をとっていただきたいと思います。

それから五番目が、課税最低限の引き上げということです。五重構造として危機だということで、たしかに言われているような危機がせまっております。そのためにＴＫＣは、百件までは無料にしております。百件といっても、確定申告前に百件分を十二カ月入れたら千二百件になりますから、これはお金をいただくということです。一カ月ずつで百件ですので、十件の顧問先でしたら十カ月分しか入れられないということです。百件まで無料ですのでＴＫＣの会員の方は、十分これを利用していただきたいと思います。

ＴＫＣではいろいろな情報網がありますから、私もＴＫＣに加入して非常によかったのは、日記帳があるおかげで非常に顧問先がふえたということです。その顧問先が法人化したのが、私の成功の秘訣ではないかと思います。そういった会計事務所のノウハウを教えていただけます。ですから、三人の事務所時代のときは、三人のＴＫＣの事務所の先生のところへ見学に行ったし、十人なら十人のところへ、今ですと、三十人のところへ行くということで、どこの事務所でも、やはり採算ペースが十人単位で方法が全然異なりますから、違う方法でやらないと、いつまでも同じような方法では出来ません。そういう勉強をさせていただく場所がＴＫＣにはあります。三枚複写伝票を切らなくてはいけないということもありますが、ＴＫＣに入ってよかったと思っている次第です。

個人事業受託推進と倫理規程ということについては、他の先生が既に入っているようなところへはいかないようにすることです。行っても名刺は必ず持って帰る。それよりも非協力団体とかにお客がもっとあります。ある税務署では民商で約二千件、中企連で二千件といってました。そうすると例えば、大阪府下では衛星都市が何十とありますから、何万人もあると思います。そういうところを、どんどん開拓していただきたいと思います。

それから受託契約のあり方は、税理士会に契約書がありますから、一応契約書を結んでおいた方がいいのではないかと思います。この間ある税理士の研修会で、東大の教授が、やはり契約ということも大切じゃないかとおっしゃっていました。これからは、自分の顧問先に他の先生が来てもそちらへ逃げられないように、契約を結ぶ時代になって来たということをおっしゃっていました。受託契約のありかたも一応参考にして下さい。

それから付随業務の増大ですが、付随業務は会計事務所にとっては、もうけ口がころがっております。なんでもやろうと思えば、事務所の旅行とか、忘年会の費用とか厚生費ぐらいは十分にまかなえますので、付随業務についても、もういっぺん見直していただきたいと思います。自分が一生懸命やらなくても事務所で手分けをしてやれば、出来るものです。

それから初期指導のあり方ということですが、最初のときが一番肝心で、最初にきちんと奥さんなどに言っておきませんと、駄目です。うちでは社長が来る場合でも、奥さんを連れて来させます。女性は決められたことはこつこつやるからです。男に記帳をさせたらまず失敗します。

監査時間とパンチの時間については、巡回監査と同様に値段によると思います。現金中心の場合は四十分、それから売掛金、買掛金を含む場合は一時間ですから、顧問先へ行ったらだいたい一時間くらいで帰ってくるようにします。お茶に呼ばれても雑談してもいいけれども、やはり三時間も四時間もかけていると採算があいません。だいたい一時間から二時間の範囲内でも往復の時間も入れて、半日ぐらいでやっていただきたいと思います。決算業務の効果的処理法ですが、これは決算の場合は非常に楽で、財務三表まで入れてある場合については、資産負債調べまでですまし、ＴＫＣ日記帳の場合でしたら、一応収益では売上と仕入、裏には月別の売上と仕入とが出るようになってますので、それをそのまま使って確定申告を出したらよいと思います。

決算は非常に簡単にでます。決算の時は負債と資産を調べて数字を合わせて、巡回監査に行ったときに試算表を作成するということです。

昭和五十七年の「国税局別営業所得者数と税理士数」の統計を見て下さい。大阪を例にとると、営業所得者数とその他の事業へ、我々税理士もその他の事業に入るのですけども、商売をしておられる方は古い資料ですが四十六万四千九百九十二件、その内税理士先生が八千百二十七人です。その他の事業が顧問先になることはまずないと思うのですが、これを含めて割っても一人あたり六十七件、これを除いて割ったら、五十七件です。（巻末資料参照）

全国で実際の登録者は、現在約七万九千人ですが廃業している先生もかなりいるし、勤務税理士の方もいますので、大体五万人ぐらいではないかと思います。この数字で割っても七十件ぐらいだということです。やはり医者と同じように、頂上が見えているような気がします。ですから個人を七十件もっていれば平均だということです。

それから「国税局別法人数と税理士数」の統計の大阪を見ると、我々の対象にする普通法人は、二十六万二百六十一件、それで税理士先生が八千百二十七人、これで割りますと、三十二法人、全部入れて割ますと一人当たり三十四法人です。個人とこれとをたすと、だいたい百件が大阪の平均の顧問件数になります。

大阪は幾分税理士先生が多くて、法人数が少ないのですが、全国では百七十四万五千六百十六件、先生数が四万五百七十人で、一人当たり四十八社。九％の増、個人は五十四年に対して五％増と、個人にしてもそんなにふえていません。

そうすると同じ枠内で取り合いということになります。ですから、結局自分の域を守る方法も考えないといけないと思います。

税理士登録者数

税理士登録者・税理士法人届出数（令和３年４月末日現在）

会名	登録者数	税理士法人届出数	
		主たる事務所	従たる事務所
東京	23,568	1,316	475
東京地方	4,963	222	165
千葉県	2,530	113	89
関東信越	7,491	433	263
近畿	15,049	748	349
北海道	1,866	164	101
東北	2,476	146	104
名古屋	4,674	304	158
東海	4,387	242	146
北陸	1,416	104	53
中国	3,178	164	107
四国	1,635	87	52
九州北部	3,399	185	152
南九州	2,206	117	74
沖縄	443	28	30
計	**79,281**	**4,373**	**2,318**

第三章　記帳義務の法制化について

さて六十年の一月から、個人事業者の記帳義務の法制化ということで、それぞれ各税務署で説明会が行われました。だいたい各署で二千人ぐらい経営者を呼びだしています。私もちょうど二日間ある衛星都市の商工会議所で説明するために出席しました。約二百名ぐらいの経営者に案内状を出して、三、四十名の方がお集まりになりました。署からは各一等統括官が見えて三十分話をし、納税協会のスライドで記帳義務の法制化についての説明があり、その後一時間程私の話でした。この程度のものは、大阪府下ならどこの税務署管内でもやっています。私が一時間程しゃべったのですが、中に事業所得者と不動産所得者と農業所得者とをいっぺんに呼んだものですから、話の内容が無関係であった方もおいでだったかと思います。

特に白色の医療内容の記帳については、今後我々税理士にとって、大きなマーケットであろうと存じます。

第98回大蔵委員会の議事録というのがあります。この中で五十八年五月十八日の大蔵委員会で、記帳義務について審議しております。

その中で社会党の武藤委員が質問されていて、それに対して竹下大蔵大臣が答えている中でこういう事を言っています。

「サラリーマンの方は所得の補足はたしかに一〇〇%。したがってクロヨンとかトーゴーサンとかいろんなことが言われている。しかし私は、今いわゆる徴収義務者という国税庁を監督する立場にある大蔵大臣である。現実にそういう事実があるないというお答えは出来ないにしましても、そうした感覚が一般的に非常にあるという認識はもっております」ということで、暗に大蔵大臣でも現実に脱税が行われているということを認めているような発言なのです。

そのあとつづいて、飯塚会長が参考人として意見をのべておられます。このときに「記帳義務について日本の所得税法の二四一条というのがあるが、これによると自営業者は確定申告を出さなかった場合は一年以下の懲役又は二十万円以下の罰金。しかしなんらかの事由があった場合は、その刑罰を課さないという事になっている」と飯塚会長が答えておられます。

それで私もこの所得税法の条文をちょっとひっぱり出してきてよんでみると、二四一条にやはり書いてある。一二〇条第一項というのが確定申告、一二五条第一項というのは年の中途で死亡した場合のことですね。いろいろな確定申告を提出期限までに提出しなかった社は、一年以下の懲役、又は二十万円以下の罰金に処すると書いてある。ただし、そのただし書きには、情状によりその刑を免除する事が出来るとも書いてある。この一行でいかに脱税が行われているかという事を飯塚先生がおっしゃっているわけです。

情状と書いてあるので、情状酌量により刑を免除する事が出来る。このただし書きのおかげで、結局、脱税していても今現在では罰則規定がないようなものです。今度の記帳義務も罰則規定がないので、果たしてどれだけ法制化の意味があるかということですが、今度の場合は記帳をしてなかったら、推定課税を行うという事です。ですから記帳してない人は推定課税されてもやむを得ない。罰則規定がなくても相当調査が厳しくなるのではないかと思います。

またサラリーマンの場合は、源泉徴収をしなかったり、また納付しなかった場合は、所得税法二三九条と二四十条によって、各々において三年以下の懲役に処すと書いてある。これはただし書きがありません。だからクロヨンといって、サラリーマンが一〇〇%税金をとられているんじゃないかと思われているのです。結局、商売人にはただし書きがあって、サラリーマンはこのただし書きがないということで、クロヨンと言われていることになる。

更に、飯塚会長は外国の事例にも触れて、「例えば西ドイツの場合、脱税から逃れられないようにしているということで、開業の時から一カ月以内に開業届けを税務署と市町村に出さなかった場合と、第二に事業を行うことを登記しなかった場合には二千ドイツマルク、最高一万マルクまでの罰金に処するとある。だから西ドイツの場合、商売人の方は三重の罰則規定があり、うかうかしていたら手が後ろに回るというような、非常に厳しいことをいっている。だから、日本も記帳義務をやって、もっと脱税しないようにやったらどうだ」ということを衆議院の大蔵委員会で、五十八年に既に言われております。それが最近、やっと我々の方に回ってきたわけです。

記帳義務は、皆さんのところにも税務署からいろいろな書類がきてご存じと思いますが、この「記帳の仕方」という三つの用紙があって、それぞれ記帳義務者の方に渡っています。六十年以降にこの記帳義務が行われた時には、相当困る経営者が出て来るのではないか。特に、大阪では中央環状とか外環状とかの衛星都市で、相当見込み客があるのではないかと思います。今こそ、会計事務所の拡大のチャンスなのです。

白色については要件が三つそろっていればいい、ということでした。事業者の人は大学ノートでも普通のメモ用紙でもなんでもいい、そこへ取引の年月日と売上先と金額と日々の売上の合計四つがそろっていれば、記帳義務の要件をみたしている、ということです。すでに青色に代わる白色の簡易帳簿というのが出来ていて、これには現金の残高が入らず、ただ売上と雑収入と仕入と各経費の科目とその科目合計しか入らない。だからその日の現金出納帳とかは全然関係なく、ただ経費だけを拾うということで、これを要件としてみたしていれば、白色として認めるという。

最終的にいろいろな事がありまして、三日間、国会ではもめて通ったという話です。どこまでが良くて、どこまでが悪いのか分かりませんが、とりあえず帳面をつけなければいけない、ということで各税務署でそれぞれ経営者を呼んで説明しているわけですが、税理士と医者は呼んでいません。

税理士でも、白色をされている先生が多いらしいのです。医者の場合には、五段階の基準があり、これも経費率を使うか、自分で書くかどちらか有利な方という事なので、呼ばないそうでした。ただ、弁護士とか司法書士とかは全部対象にして呼んだという話でした。ですから、われわれ税理士も率先して青色にしなければならないのではないかと思います。

皆さんの参考になるかどうかわかりませんが、これから税理士の業界もますます厳しくなると思います。よく倫理規定を守りつつ、皆さんの事務所が発展されますことをお祈りいたします。

著　者

納税貯蓄組合規約（堺市の場合・原文）

第一章　総　　則

（目　　的）

第一条　この組合は、組合員の税金を納めやすくし、且つ、確実に納めるために納税準備金の貯蓄のあっ旋並びにその貯蓄に関する必要な事務を行うことを目的とする。

（組合の組織）

第二条　この組合は、堺市内に住んでいる者をもって組織し、且つ、これらの者は自由にこの組合に加入し、又はこの組合から脱退することができる。

（名称及び所在地）

第三条　この組合は、〇〇納税貯蓄組合と称し、事務所を堺市〇〇町〇〇番地に置く。

（加入並びに脱退の手続）

第四条　この組合に加入しようとするときは、加入届を組合長に提出しなければならない。

第五条　この組合から脱退しようとするときは、脱退届を組合長に提出しなければならない。

第二章　事　　業

（事業の項目）

第六条　この組合はその目的を達成するため次の事業を行なう。

一、組合員の納税準備金のあっ旋
二、組合員に対する納税思想の普及並びに納税のあっ旋
三、納税について市役所との相互連絡
四、その他納税に関する事項

（預貯金の方法）

第七条　組合は組合員の委託により、納税準備金を受け取った場合は、遅滞なく銀行、協同組合、無尽会社、郵便局に当該組合員の名儀をもって確実に預入する。

第三章　総　　会

（総会の種類及び召集）

第八条　総会は、定期総会と臨時総会とし、定期総会は毎年一回六月に、臨時総会は必要あるとき、随時組合長が招集する。総会の議長は組合長をもってこれにあてる。

（総会の審議事項）

第九条　総会は次の事項を審議する。
一、規約の制定改廃
二、役員の選任及び解任
三、組合の事業その他運営に関する事項

四、予算の議決及び決算の承認
五、組合の解散及び合併
六、その他必要な事項
（総会の議決方法）

第十条　総会は、組合員の半数以上が出席しなければ開くことができない。

但し、前条第一号及び第五号に掲げる事項は組合員の四分の三以上のものが出席しなければならない。

議事は出席組合員の過半数で決し、可否同数のときは議長の決するところによる。

第四章　役　　員

（役員の定院）
第十一条　この組合に次の役員を置く。
一、組合長　　一人
二、副組合長　一人
三、理事　　　一人
四、監事　　　一人
第十二条　役員は、総会において組合員及びそれ以外の人の中から選出し、任期は一年とする。
但し、再任を妨げない。

（役員の職務）

第十三条　組合長は組合を代表する。副組合長は組合長を助け、組合長事故あるときは、組合長の職務を行なう。

理事は組合の事業に関する事項を分担する。

監事は組合の事業経理を監査する。

第五章　会　計

（会計年度）

第十四条　この組合の会計年度は、毎年四月一日に始まり、翌年三月三十一日に終る。

（組合の経費）

第十五条　この組合の経費は、補助金、その他の収入をもって支弁する。

（帳簿の整備）

第十六条　納税取扱に係る事項及び組合の収支に関する一切はこれを明確に台帳に記載しなければならない。

附　則

第十七条　この規約にない事項は役員会で定める。

第十八条　この規約は、市長に届出た日の翌日から効力を発生する。

推進について（お願い）

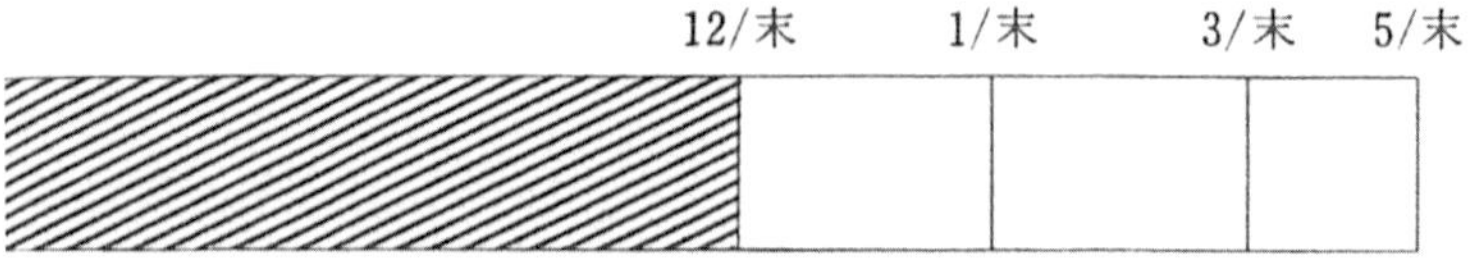

12/末：納期限
※事務補助金交付対象期限

1/末：役員会開催
・推進月間中の納付状況と納付率と今後の対策について

3/末：事務補助金交付申請（〆切）

5/末：事務補助金の交付

・未納者に対する納税推進(依頼)
・現加入状況の確認
・納付状況報告(９月分)
・交付率の変更について(報告)
・その他

※納付明細表　10月　日現在市税収入状況で作成しています。
三税(市府民税・固定資産税・軽自動車税)を世帯毎にまとめています。なお一部世帯に含まれていない場合もあります。

カナ文字が「漢字」に変っています。

加入・脱退の確認の上、氏名について万一不備がある時は納税課まで至急ご連絡下さい。

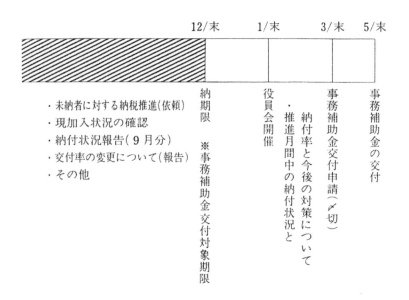

納税貯蓄組合による納税

推進月間(対策と方法について)

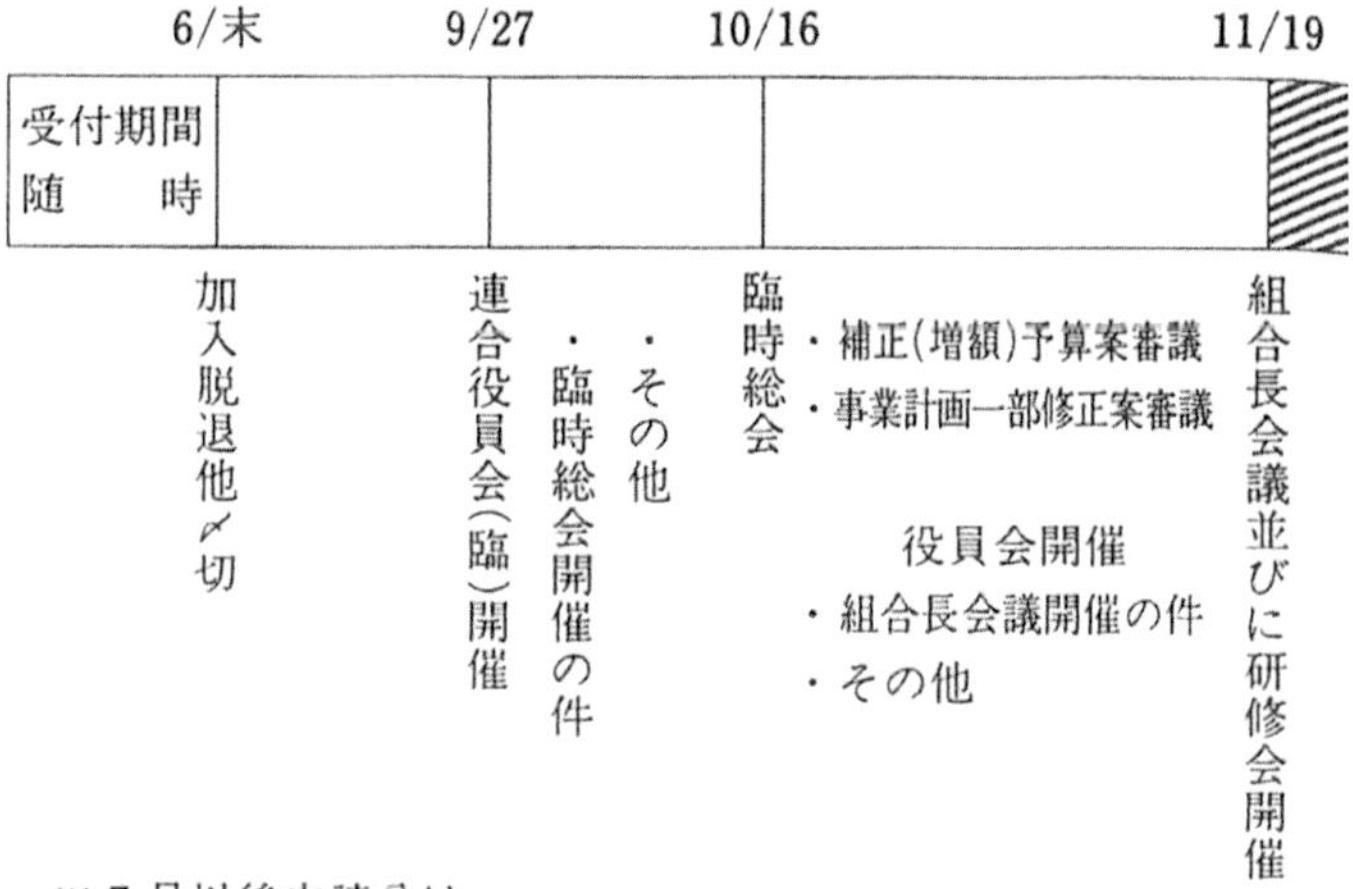

※７月以後申請分は、
　次年度取扱いとする。

(参考)　交付方法について

・補助金交付申請の提出期日　３月31日まで

・補助金交付日　５月31日まで

※なお組合長から交付請求があれば随時交付する。
　(組合の口座に振込みさせていただきます。)

・交付率　80％以上の納付された組合に対し、12月末(納期内)100分の4.5を交付する。
　納期後＝前年同様の扱いとする。
　(本年度に限る)

市税の納付

市税は定められた納期限までに自主的に納めていただくことになっていますが、もし、納期限を過ぎて納められますと、本来の税額のほか督促手数料や延滞金という余分なお金も納めていただくことになります。そこで、このようなことのないように、便利で有利な納税方法をご利用ください。

納税者が税金を無理なく、確実に納めるため、地域や業種などを単位として任意に組織する組合で、組合員の納税資金の貯蓄のあっ旋、納税のあっ旋、その他税知識の普及や広報活動などを行っています。

〃納税は便利な口座振替で!!〃

口座振替制度を利用されますと、うっかり納期限を忘れたり、納期ごとに市役所や金融機関の窓口まで出向いて納税する手数が、はぶけます。

口座振替のしくみ

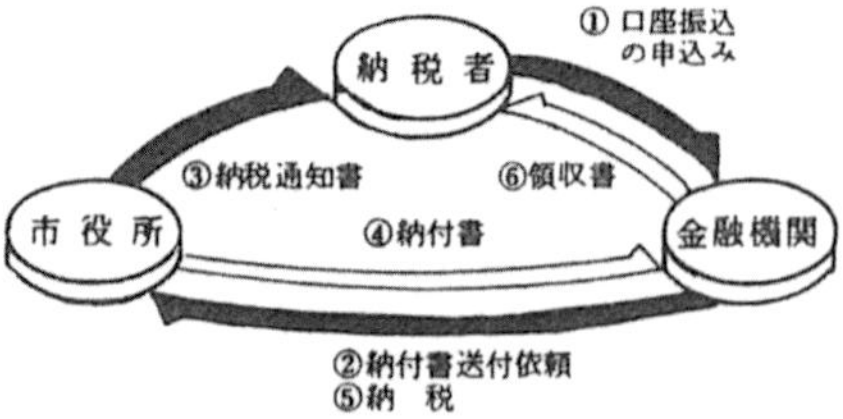

市・府民税（普通徴収分）固定資税・都市計画税の納期はそれぞれ4回に分かれていますが、すでに納期のきている分とまだ納期のきていない分をあわせて納付されますと報奨金が交付され、税金から差し引かれます。

◎　納税組合加入・脱退の手続について

組合員の皆さんにお願いします。組合を脱退（転出等）される時は、必ず脱退届を、又、税目を追加加入される時は加入届を組合長へ提出して下さい。

◎　加入者の死亡・一時住所異動（住民登録）「当市→他市町村→当市」について死亡・一時転出より住民登録より除外されますと課税上の名寄番号が変更になり組合員から対象外になりますので、必ず組合長へその旨連絡して頂きますようお願いします。

◎　軽自動車税の登録・廃車について「4月1日」が賦課期日です。

◎　次のような事由が生じたときには、すぐに申告してください。手続せずに放置すると毎年税金がかかります。

●住所の異動により車両の定置場所が変わったとき

●他の人に譲渡したとき

●破損・老朽化により使用不能となったとき

●解体・盗難により車両がなくなったとき

●解体・盗難により車両がなくなったとき

納税貯蓄組合設立届

組合番号	

このたび納税貯蓄組合法第2条第1項の規定による納税貯蓄組合を設立しましたので、同法施行令第1条の規定により規約の謄本3通を添えてお届けします。

昭和　　年　　月　　日

組合事務所 所　在　地	
組　合　名	納税貯蓄組合
組合長氏名印	
組 合 事 務 担当者氏名	
電 話 番 号	
組 合 員 数	人　　世帯数　　世帯

殿

（注意事項）

1. 組合員名簿及び組合役員名簿を各3通添付すること

著者略歴

杉井卓男
昭和11年生まれ。
昭和35年　関西学院大学法学部卒。
昭和51年　税理士資格取得。独立開業。
平成9年　TKC南近畿会会長。
平成28年　総務大臣賞受賞。
平成28年　紺綬褒章受章。

〔事務所所在地〕
大阪府松原市高見の里4丁目5番33号

生活できる税理士

競争者《ライバル》に負けず事務所の収益を拡大する方法

2023年4月30日発行　　著　者　杉井卓男

発行者　向田翔一

発行所　株式会社 22 世紀アート
〒103-0007
東京都中央区日本橋浜町 3-23-1-5F
電話　03-5941-9774
Email: info@22art.net　ホームページ：www.22art.net

発売元　株式会社日興企画
〒104-0032
東京都中央区八丁堀 4-11-10 第 2SS ビル 6F
電話　03-6262-8127
Email: support@nikko-kikaku.com
ホームページ：https://nikko-kikaku.com/

印刷製本　株式会社 PUBFUN

ISBN：978-4-88877-192-4

© 杉井卓男 2023, printed in Japan
本書は著作権上の保護を受けています。
本書の一部または全部について無断で複写することを禁じます。
乱丁・落丁本はお取り替えいたします。